LETTRE A UN AMI

OU

QUELQUES RÉFLEXIONS

SUR LE LIVRE INTITULÉ

Mme LA DUCHESSE D'ORLÉANS

HÉLÈNE

DE MECKLEMBOURG-SCHWÉRIN

———•———

PARIS

AUGUSTE VATON, LIBRAIRE

50, RUE DU BAC

——

1859

LETTRE A UN AMI

Paris. — Imp. de P.-A. BOURDIER et Cie, 30, rue Mazarine.

LETTRE A UN AMI

OU

QUELQUES RÉFLEXIONS

SUR LE LIVRE INTITULÉ

MME LA DUCHESSE D'ORLÉANS

HÉLÈNE

DE MECKLEMBOURG-SCHWÉRIN

PARIS

AUGUSTE VATON, LIBRAIRE

50, RUE DU BAC

1859

Paris, ce 24 février 1859.

Vous me demandez, cher ami, quel est
mon avis sur le volume anonyme qui vient
de paraître? Je vous répondrai franchement
que ce livre, bien écrit d'ailleurs, n'est qu'un
éloge exagéré de madame la duchesse d'Orléans, née *Hélène de Mecklembourg-Schwérin*.
Je l'ai lu attentivement d'un bout à l'autre,
et je serais presque tenté de croire qu'il est
l'œuvre d'une plume *protestante*, c'est-à-dire
révolutionnaire (car vous savez que pour moi
l'hérésie est la plus monstrueuse des révoltes
contre le droit divin), si un nom de femme,

qui appartient à notre vieille aristocratie française, ne circulait pas dans tous les salons. Je me rappelle, en effet, que de grandes dames, oubliant les gloires et la fidélité de leurs ancêtres, s'étaient rattachées au gouvernement de Juillet avec une sorte d'enthousiasme qui tenait du délire. Sans doute qu'elles avaient d'honorables motifs pour justifier à leurs yeux une désertion qui semblait une lâcheté et une honte pour tous les cœurs vraiment français ; mais à coup sûr ces motifs devaient être entièrement personnels.

Quoi qu'il en soit, l'auteur du livre dont nous parlons s'est posé en panégyriste de la révolution de 1830. Écoutez plutôt comment il peint l'admiration de son héroïne pour l'usurpation *à main armée* de la famille d'Orléans :

« Dans cette lutte, dit-il, où elle voyait un

« peuple armé, non pour attaquer, mais pour
« maintenir les lois contre le pouvoir qui le
« premier les avait voulu renverser, tous ses
« vœux furent, dès l'abord, du côté popu-
« laire ; chaque jour elle attendait l'arrivée
« des journaux français avec autant d'impa-
« tience que s'il se fût agi d'événements per-
« sonnels, copiait les articles qui l'intéres-
« saient davantage, et s'associait enfin à tout
« ce mouvement d'idées, en apparence si
« étranger, avec une singulière émotion. Aussi
« ce premier enthousiasme, éveillé au nom
« de la France et de la liberté, a laissé en elle
« des traces *profondes*, et le nom de la *famille*
« *d'Orléans* avait parlé à son cœur bien avant
« qu'elle pût prévoir ce qu'il deviendrait un
« jour pour elle [1] !... »

Voilà donc la fille du grand-duc héréditaire de Mecklembourg-Schwérin déjà révolutionnaire à seize ans ! Il est vrai que les États de son aïeul étaient trop petits pour que son imagination de jeune fille n'osât pas s'aventurer au delà de leurs frontières. Cet amour de la liberté française me paraît tout aussi équivoque que cette affection *spontanée* qui naît dans le cœur de la princesse Hélène pour le beau nom d'*Orléans !* Elle ignorait donc l'histoire du régent ? Elle ne connaissait donc pas les forfaits de Philippe-ÉGALITÉ ? Elle ne se doutait donc pas des principes voltairiens qui avaient été l'âme de l'éducation du vainqueur de Jemmapes et de Valmy ? Ce nom d'*Orléans* qui la fascinait résumait en lui toutes les infamies des premières années de Louis XV, tout le sang qui coula en France de 1789 à 1793, et tous les dangers qui menacèrent le trône de saint Louis de 1815 à 1830, époque à laquelle il fut si lâchement usurpé par celui qui devait, dix-huit ans plus tard, l'abandonner plus lâchement encore !...

Je passe sous silence la prétendue affection qu'aurait portée madame la Dauphine à madame la duchesse d'Orléans ; car, après tout, les saints ont toujours été dans la louable habitude de pardonner à leurs ennemis et même de *les aimer*. Mais je vous ferai remarquer que si l'auteur de la vie de la princesse Hélène est le panégyriste de la révolution de Juillet, il est également l'admirateur du protestantisme. Écoutez-le de nouveau :

« Au mois de mai 1841 eut lieu le baptême « de M. le comte de Paris... *Ces heures passées* « *à Notre-Dame*, écrit la duchesse, *seront des* « *heures d'émotion, de prière et d'espérance.* « Je voudrais que de petites préoccupations

« ne s'associassent pas à ces émotions. Cepen-
« dant la crainte de voir mon enfant inquiet,
« intimidé, peut-être même obstiné dans ce
« moment solennel, me tourmente beaucoup.
« *Lisez*, je vous prie, *ce que Fénelon dit au*
« *sujet du baptême ; ces pages sont belles et*
« *instructives* [1]. »

Et le lendemain 3 mai, elle écrivait encore :

« Rien de plus touchant, de plus pur que
« mon petit ange présenté à l'autel... *Les*
« *prières du baptême sont belles ;* je les ai sui-
« vies durant la cérémonie, et j'ai trouvé ces
« paroles *très-analogues à mes sentiments* [2]. »

Plus loin, elle ajoute :

« Dimanche, j'irai *communier* à dix heures,
« à Paris, pour demander encore au Seigneur
« l'affermissement de mon âme dans cette paix,

1. Page 69.
2. Page 70.

« dans cette foi, dans cet amour que rien ne
« devrait plus troubler [1]. »

Évidemment, l'auteur confond ici le protestantisme avec le catholicisme. Il prête à la réforme de Luther toutes les suaves et saintes
consolations de l'Église romaine ; il n'y a plus
de différence pour lui entre le Dieu eucharis-
tique que nous adorons sur nos autels et le
morceau de pain que le pasteur luthérien dis-
tribue machinalement à ses adeptes, en mémoire de la Cène. Après avoir lu ces lignes
étranges, on doute de la bonne foi de l'auteur,
qui fait si bon marché de nos dogmes sacrés, en
les assimilant perfidement aux rites puérils
et insignifiants de la Réforme sacrilége du
seizième siècle. Ses lecteurs, peu versés dans
la science théologique, seront naturellement

1. Page 102.

tentés de croire, d'après lui, que *toutes les religions sont bonnes*, puisque celle de l'apostat Luther peut apporter tant de *paix*, tant de *foi*, et tant d'*amour* dans l'âme d'une princesse que, ni les exemples de la reine Marie-Amélie, ni le touchant spectacle de nos pompes religieuses, ni les voix intérieures de sa propre conscience n'ont pu ramener dans le giron maternel de la sainte Église romaine. Qui oserait invoquer la bonne foi des gens grossiers et ignorants, en faveur d'une princesse royale vivant sur les premières marches du trône de saint Louis et au milieu d'une des cours les plus libres et les plus éclairées de l'Europe? Madame la duchesse d'Orléans est donc restée protestante, parce qu'elle l'a voulu; c'était son affaire; mais, de grâce, qu'on ne nous la peigne point avec les mêmes couleurs religieuses qui auraient pu servir au portrait de madame la Dauphine, ou à celui de la pieuse et malheureuse reine des Français.

L'auteur nous représente son héroïne comme *pleine d'une soumission affectueuse pour l'avis du roi.*

« Elle comprit, dit-il, qu'il ne fallait donner
« aucun prétexte aux partis, toujours prêts à
« supposer une diversité de vues entre l'héri-
« tier du trône et le chef de l'État ; elle mit une
« délicatesse scrupuleuse à éviter tout ce qui
« aurait attiré sur elle une attention et des
« hommages particuliers. Se refusant au noble
« plaisir de rassembler autour d'elle une so-
« ciété de son choix, où la malveillance aurait
« pu voir une coterie politique, elle ne dis-
« tingua en rien sa manière de vivre de celle
« de ses jeunes belles-sœurs, etc.[1]. »

1. Page 65.

Tout ceci fut peut-être exact au commencement de son mariage ; mais nul ne peut nier que l'intrigue politique n'ait joué un grand rôle dans les dernières années que la duchesse d'Orléans passa en France. Qui ne sait que d'illustres personnages ne cessèrent de la bercer des idées d'une *régence* qui eût encore été plus fatale à la France que la république de 1848 ? Cette république n'a été que le résultat des divisions intestines de la famille d'Orléans ; elle est issue d'une guerre de palais ; et il fallait que cette guerre eût été bien longue et bien fatigante pour que Louis-Philippe perdît la tête, jusqu'au point d'abdiquer et de s'enfuir, en laissant la régence à la duchesse d'Orléans ! Rien n'était plus impopulaire que cette régence ; la France catholique ne se souciait pas d'être gouvernée par une femme protestante ; aussi aima-t-on mieux se jeter, à tout hasard,

dans les bras de la république, que de voir se renouveler les troubles qui signalèrent la minorité de Louis XIII. L'auteur semble pourtant regretter une administration qui nous eût rappelé le courage et la sagesse de Blanche de Castille, quand il nous peint les vertus de madame la duchesse d'Orléans qui, pour flatter la bourgeoisie parisienne, s'écriait parfois :
« *Oh ! que la mère* BOURGEOISE *est heureuse*[1] ! »

Pour moi, je doute fort que le sceptre de saint Louis eût été dignement porté par la main d'une princesse huguenote, et que, surtout, son premier ministre eût pu étaler sous nos yeux la bonhomie et la piété du vertueux abbé Suger.

La mort du duc d'Orléans est racontée d'une manière touchante ; c'est une des plus belles

1. Page 73.

pages de ce livre. Nous respectons ici là douleur de cette famille, plongée subitement dans un deuil si profond. Mais il ne faut pas oublier que la justice de Dieu joue un rôle mystérieux dans la vie des individus comme dans celle des empires. Je me rappelle une autre princesse pleurant aussi sur le cercueil de son époux, assassiné par Louvel. Les ténèbres pèsent encore sur le meurtre du 13 février 1820? La justice humaine n'y a pu jeter un jour convenable; en a-t-il été de même de l'opinion publique?......

Autre point de rapprochement.

Après l'abdication de Louis-Philippe, qui, lue par le roi à sa famille, aurait été suivie de ces paroles de la reine que l'auteur se garde bien de citer : *Eh bien! Hélène, êtes-vous contente, à présent?* la duchesse d'Orléans se rend à la Chambre avec ses enfants, pour faire re-

connaître la Régence. Là, elle montre un grand
courage ; les fusils des insurgés menacent ses
jours, mais elle affronte la mort dans l'intérêt
de ses enfants. Les quelques pages qui racon-
tent cette scène sont émouvantes ; l'œil se sent
humide et l'on pleurerait volontiers, si le sou-
venir de Louis XVI et de sa famille se réfugiant
au sein de l'Assemblée législative, pour échap-
per aux poignards de la faction d'Orléans qui
salaria les piques du 10 août 1792, ne revenait
à la mémoire du lecteur. Il y avait là aussi une
mère courageuse et deux enfants ; il y avait là
de plus un Roi, successeur légitime de *soixante-
quatre* autres, qui n'avait jamais essayé, lui, de
fuir seul devant l'émeute armée ; il y avait là
des princesses ; il y avait là des gentilshommes,
fidèles au malheur. Pourtant, au lieu de l'exil,
on leur a donné la prison. Que dis-je ? la prison ! on les a traînés successivement à l'écha-

faud, et c'est un d'Orléans qui a été le principal auteur de l'épouvantable régicide du 21 janvier ! Les crimes des pères sont punis dans les enfants de leurs enfants, *jusqu'à la septième génération*, dit l'Écriture ; il n'y a donc eu là rien de bien surprenant, puisque la justice divine suivait son cours !

L'auteur esquisse la vie de madame la duchesse d'Orléans, durant son exil. Il nous la montre à Claremont, *s'absorbant entièrement dans l'instruction religieuse* de son fils aîné :

« Elle assistait près de lui au catéchisme
« fait par M. l'abbé Guelles, suivit la retraite
« avec lui, et là *où elle ne pouvait s'associer*
« *de fait à ses actes*, s'y unissait par la prière
« et par cette volonté bonne et droite que
« Dieu a bénie dans ses enfants, et dont il
« lui a sûrement tenu compte pour elle-

« même. *La doctrine des luthériens sur la*
« *sainte Eucharistie,* d'ailleurs, *se rapproche*
« *de la nôtre* beaucoup plus que celle des
« autres communions protestantes. Au mo-
« ment si solennel où son fils entrait dans la
« vie chrétienne et catholique [1], le sentiment
« des *différences* de culte, bien douloureux
« toujours et que nous retrouverons plus tard,
« fut peut-être moins sensible, parce qu'il
« était dominé par *un sentiment d'union sur*
« *le point même qui occupait le cœur de tous*
« *deux* [2]. »

Certes, voilà un catholique peu difficile. Il
trouve que Luther a des dogmes qui ne diffè-
rent presque pas de ceux de Jésus-Christ, et
qu'on peut faire aisément accorder l'erreur
avec la vérité, le jour avec la nuit, le ciel avec

1. N'y était-il pas déjà entré par le baptême ?
2. Page 165.

l'enfer ! On devrait au moins apprendre son catéchisme, quand on veut trancher des questions de théologie. Quelle funeste influence l'obstination protestante de madame la duchesse d'Orléans n'eût-elle pas eue sur l'administration religieuse de la France, si elle eût gouverné le royaume de saint Louis ! Tout ce qu'elle avait appris du catholicisme aurait dû lui ouvrir les yeux, si elle eût sincèrement aimé sa patrie adoptive. Voyez-la dans ses derniers moments.

« On avait pensé, dit l'auteur, à lui faire
« venir de France la sœur de Bon-Secours
« qui avait été auprès du roi pendant sa der-
« nière maladie ; mais elle se rappela l'éta-
« blissement des *Diaconesses*, également
« consacrées au soin des malades, disant :
« J'aurais aimé à me faire soigner par cette
« bonne sœur, *mais je désire faire quelque*

« *chose pour mon culte*, et je crois bien de
« m'adresser à nos diaconesses [1]. »

Ainsi la régente eût fait *quelque chose pour
son culte*, c'est-à-dire qu'elle eût cherché à
protestantiser la France, comme elle a sans
doute protestantisé le cœur de ses fils !

Dans son testament, la duchesse d'Orléans
recommande à ses enfants de rester *fidèles à
leur foi politique*. « Qu'ils la servent, dit-elle,
« soit par leur constance dans l'adversité et
« l'exil, soit par leur fermeté et leur patrio-
« tisme dévoués, lorsque les événements les
« rendront à leur pays. Que la France, rendue
« à sa dignité et à sa liberté, que la France
« constitutionnelle puisse compter sur eux
« pour défendre son honneur, sa grandeur
« et ses intérêts, et qu'elle retrouve en eux

1. Page 218.

« *la sagesse de leur aïeul...* Ils se souvien-
« dront toujours des principes politiques *qui*
« *ont fait la gloire de leur maison,* (quelle
« gloire !) que leur aïeul a *fidèlement* servis
« sur le trône, et que leur père avait adoptés
« avec ardeur [1]. »

Vous savez, cher ami, quelle était la foi politique de Louis-Philippe ; vous connaissez la moralité de son gouvernement ; vous l'avez vu à l'œuvre pendant dix-huit ans ! Notre auteur anonyme, qui lui prête la *sérénité d'un honnête homme* [2], devait pourtant savoir que le *roi de Juillet* n'avait pas de grands scrupules de conscience, et qu'il était bien loin d'être *l'élu du peuple* et de compter *huit millions* de suffrages [3] quand il se mit à la place

1. Pages 232 et 233.
2. Page 169.
3. On sait que Napoléon III a obtenu le pouvoir par

de son roi et cousin Charles X. Les pré-
tendus droits qu'il a laissés au comte de Paris
sont des plus risibles. Peut-on donner ce qui
ne vous appartient pas? Par le fait même
qu'il s'était fait roi des barricades, il avait
perdu le prestige antique du droit divin,
et se trouvait dans l'impossibilité de léguer,
sans le consentement de la nation, un sceptre qui ne lui était que prêté. Du reste,
cette épithète d'*honnête homme* me rappelle une phrase malheureuse échappée à
Louis-Philippe, dans un moment d'enthousiasme populaire, lorsqu'après avoir entonné
la *Marseillaise*, il s'écria, à l'Hôtel de Ville :
*Mon père était le plus honnête homme de
France ! ! !*

un double scrutin dont chacun lui a donné plus de
huit millions de voix.

C'en est assez, cher ami, sur un livre que je résume en deux mots :

APOLOGIE DE LA RÉVOLUTION DE JUILLET ET DU PROTESTANTISME.